AF312938

Extrait du Journal « Le Chercheur »

# LA PROTECTION

DES

# Dessins et Modèles de fabrique

*Dans la législation ancienne, actuelle et future*

PAR

## Michel PELLETIER

Avocat à la Cour d'appel,
Professeur de législation industrielle à l'École Centrale
des Arts et Manufactures

PARIS

IMPRIMERIE ET LIBRAIRIE CENTRALES DES CHEMINS DE FER
**IMPRIMERIE CHAIX**
SOCIÉTÉ ANONYME AU CAPITAL DE CINQ MILLIONS
Rue Bergère, 20
1893

Extrait du Journal « *Le Chercheur* »

# LA PROTECTION

DES

# Dessins et Modèles de fabrique

## Dans la législation ancienne, actuelle et future

PAR

## Michel PELLETIER

Avocat à la Cour d'appel,

Professeur de législation industrielle à l'École Centrale

des Arts et Manufactures

PARIS

IMPRIMERIE ET LIBRAIRIE CENTRALES DES CHEMINS DE FER

**IMPRIMERIE CHAIX**

SOCIÉTÉ ANONYME AU CAPITAL DE CINQ MILLIONS

Rue Bergère, 20

1893

**Extrait du Journal** « *Le Chercheur* »

# LA PROTECTION

DES

# Dessins et Modèles de fabrique

*Dans la législation ancienne, actuelle et future*

C'est à l'industrie de la soierie lyonnaise que les auteurs de
dessins et modèles de fabrique doivent d'avoir été protégés
en France tant bien que mal depuis le commencement de
ce siècle. Ce sont, en effet, quelques dispositions spéciales
d'une loi du 18 mars 1806 « portant établissement d'un Conseil de prud'hommes à Lyon » qui constituent depuis cette
époque toute notre législation en matière de dessins et modèles industriels. Ces dispositions, auxquelles la jurisprudence
a donné dans la suite des extensions successives, avaient été
édictées, à l'origine, dans l'intérêt exclusif de la fabrique de
Lyon. Il n'est pas sans intérêt de rechercher quels sont les
motifs historiques de cette faveur du législateur.

Dès le moyen âge, Lyon était devenu le grand marché des
étoffes de soie que la France tirait des fabriques d'Italie. Au
quinzième siècle, ce commerce d'importation enlevait annuel-
lement à la France de huit à dix millions de livres. C'est pour
arrêter cette exportation que furent prises les premières
mesures qui eurent pour objet de fixer et de protéger à Lyon
l'industrie de la soie.

Un de nos plus distingués archivistes, M. Philipon, qui a
fait à ce sujet de laborieuses recherches à la bibliothèque de
Lyon, nous donne sur le développement de l'industrie lyonnaise

et la protection qui fut accordée à ces dessins d'intéressants détails qui éclairent d'un jour nouveau l'histoire des origines de la législation française en matière de dessins de fabrique.

Une ordonnance de Louis XI en date du 29 novembre 1466 établit à Lyon la première manufacture de draps d'or et de soie, dans le but d'arrêter l'exportation considérable de numéraire à laquelle donnaient lieu les foires qui se tenaient dans cette ville. Cette ordonnance obligeait les Lyonnais à contribuer, au moyen d'impôts spéciaux, aux frais de leur manufacture. Il y eut là une source de nombreux conflits entre les consuls de Lyon et le roi, qui finit par transporter la manufacture à Tours, où elle disparut quelque temps après.

Mais l'élan était donné: l'idée royale fut reprise par l'initiative privée. Sous le règne de François I<sup>er</sup>, deux Piémontais, Etienne Turquet et Barthélemy Naris, vinrent installer à Lyon quelques métiers qu'ils confièrent à des « compagnons de Gênes ». La fabrique ayant prospéré, d'autres fabriques se groupèrent autour d'elle, et, en 1553, l'industrie de la soie faisait vivre à Lyon plus de 12.000 personnes. En 1554, Henri II rendit une ordonnance de règlement, qui réprimait les fraudes, malfaçons et tromperies relatives à la fabrication de la soie, ainsi que les vols de soie commis par les ouvriers au préjudice des fabricants, mais qui ne prévoyait par les vols de dessins, par cette raison bien simple, dit M. Philipon, qu'à cette époque on ne fabriquait pas d'étoffes figurées ou façonnées. En 1596, 1619 et 1667, de nouveaux règlements vinrent successivement compléter l'ordonnance de 1554.

C'est à la fin du dix-septième siècle que le goût ayant changé et les étoffes façonnées étant entrées en faveur, pour remplacer dans le costume et l'ameublement les étoffes de satin ou de velours uni du siècle précédent, on vit apparaître les dessinateurs de fabrique. Les premières mesures de protection qui furent prises en faveur de ces nouveaux artistes industriels remontent à une ordonnance du consulat de Lyon, en date du 25 octobre 1711 homologuée par arrêt du conseil du 1<sup>er</sup> mars 1712 et suivie de lettres patentes portant cette homologation, délivrées le 31 octobre suivant et enregistrées au parlement le 8 juillet 1717. Cette ordonnance qui constituait une véritable loi, — la première qui ait réglementé en France la matière des dessins de fabrique, — faisait « très expresses inhibitions et deffenses à tous marchands, maîtres ouvriers, compagnons ou autres employés dans la manufacture des étoffes de soye, de quelque sexe et âge qu'ils puissent être, de prendre, voler, vendre, prêter, remettre et de servir directement ou indirectement des dessins qui leur ont été confiez pour fabriquer ».

Cette ordonnance qui contenait déjà une reconnaissance du droit de propriété du fabricant sur la création même du dessin conçu dans ses ateliers, ne visait toutefois que l'ouvrier infidèle et n'atteignait pas le concurrent qui spéculait sur l'infidélité de l'ouvrier. Il y avait là une lacune qui fut comblée par un règlement du 1er octobre 1737, prononçant « la confiscation des étoffes furtivement fabriquées sur les dessins avec cinq cents livres d'amende, déchéance de la maîtrise et punition corporelle ».

Ce règlement de 1737 fut remplacé par un arrêt du Conseil d'État en date du 19 juin 1744, approuvant de « nouveaux statuts et règlements pour la communauté des maîtres marchands et maîtres ouvriers à façon en étoffes d'or, d'argent, de soie et autres mêlées de soie, laine, poil, fil et coton de la ville et faubourgs de Lyon et pour la fabrication desdites étoffes. »

L'article 12 de ces statuts défendait aux maîtres-ouvriers, à peine d'amende, de déchéance de la maîtrise, ou même de punition corporelle, de vendre, donner ou prêter les dessins qui leur étaient confiés pour fabriquer. Et l'article 13 défendait également à tous dessinateurs et autres personnes de lever et copier aucun dessin sur les étoffes à peine d'amende et de confiscation.

« Cette fois, dit M. Pouillet, en commentant cet arrêt, la reconnaissance du droit exclusif de fabrication est formelle et il est même à remarquer que rien ne limite la durée de ce droit exclusif ».

Le règlement de 1744 fut complété par une ordonnance consulaire du 3 février 1778, qui protégeait les dessins obtenus non plus par le tissage, mais par la broderie. Cette ordonnance, dans laquelle on voit apparaître pour la première fois le mot de *contrefaçon*, est motivée par cette considération que « si un fabricant, après avoir fait des frais considérables en dessins, en échantillons de broderies, se voit enlever le fruit de son travail par la *contrefaçon* de ses dessins, s'il ne jouit pas du droit qui assure à chacun sa propriété, il sera condamné à abandonner un commerce ruineux, dont la bonne foi ne sera plus la base ».

Les règlements de 1744 et de 1778 consacraient ainsi la propriété du dessin au profit du fabricant qui l'avait créé ; mais ils ne protégeaient les auteurs de dessins qu'à Lyon seulement, et il suffisait de l'envoi d'un échantillon à une fabrique étrangère pour que la contrefaçon commise par cette fabrique demeurât impunie. Les fabricants de Lyon demandèrent alors que ces règlements fussent étendus à toutes les fabriques du royaume. Le Conseil du roi rendit, à la date du 14 juillet 1787, un arrêt « portant règlement pour les nouveaux dessins que les fabriques d'étoffes de soieries ou de dorure du royaume auront composés ou fait composer » et reconnaissant expressément aux fabricants, ayant composé ou fait composer de nouveaux dessins, le droit exclusif de les faire exécuter. Mais l'arrêt limitait ce droit exclusif à quinze ans pour les étoffes destinées aux ameublements ou aux ornements d'église et à six ans pour celles brochées et façonnées servant à l'habillement ou à tout autre usage ; en outre, il obligeait l'inventeur d'un dessin nouveau à présenter l'esquisse originale ou un échantillon au bureau de la communauté avant la mise en vente de l'étoffe fabriquée suivant ce dessin, sous peine de déchéance de son droit exclusif.

Ce n'était pas tout à fait ce qu'avaient demandé les fabricants Lyonnais : ils avaient bien réclamé l'extension des règlements faits pour leur ville aux manufactures des autres villes du royaume ; mais ils avaient compté sans les conditions qu'on s'était avisé d'ajouter à cette extension ; la limitation de la durée de leur privilège et l'obligation de la présentation préalable de leurs échantillons furent l'objet de vives protestations de leur part. Ils demandèrent, par une requête au roi, à être maintenus dans la propriété illimitée des dessins de leur fabrique. Le roi fit droit à cette requête et malgré les termes si formels de l'arrêt de 1787, la fabrique de Lyon continua, en vertu d'un privilège local, à jouir de la perpétuité du droit.

Tel était l'état de la législation en matière de dessins de fabrique, au moment où allait commencer la Révolution. Cette législation ne protégeait, comme on le voit, qu'une seule espèce de dessins, ceux qui étaient destinés à être exécutés en étoffes de soie ou mélangées de soie.

Il en était de même en matière de modèles de fabrique : la législation n'en protégeait que certaines catégories. Une sentence de police, du 11 juillet 1702, faisait défense aux fondeurs de contre-mouler ni donner à d'autres les ouvrages que les sculpteurs leur donnaient à fondre, et aux sculpteurs de faire part à qui que ce fût des modèles qu'ils auraient faits pour les fondeurs ou que les fondeurs leur auraient communiqués, à peine de 500 francs d'amende. La propriété du modèle était ainsi formellement reconnue au profit de celui qui l'avait composé.

En mars 1730, le même privilège fut accordé par *nouveaux règlements* à la communauté des peintres et sculpteurs de l'Académie de Saint-Luc de la ville, fauxbourgs et banlieues de Paris. Enfin, une déclaration de la communauté des maîtres fondeurs, approuvée par sentence de police du 16 juillet 1766 et par arrêt du Parlement du 30 du même mois, faisait défense à tous les marchands, de quelque qualité qu'ils fussent, de « piller ou faire piller les modèles des maîtres fondeurs, de faire mouler sur les modèles desdits maîtres, et à tous maîtres fondeurs et autres ouvriers de les mouler et faire qu'ils ne fussent sûrs que ce n'était pas une pièce pillée, à peine de payer le prix du modèle et mille livres d'amende ».

Tous ces règlements assuraient ainsi aux auteurs de modèles nouveaux la propriété perpétuelle de leurs œuvres et ne soumettaient cette propriété à aucune formalité. Toutefois, un règlement rédigé en 1776 par la communauté des maîtres fondeurs, mais qui semble être resté à l'état de projet, imposait aux artistes qui désiraient réserver la propriété de leurs modèles l'obligation d'en déposer un dessin au bureau de la communauté.

Le 15 mars 1777, une déclaration du roi concernant les artistes de l'Académie royale de peinture et sculpture défendit « aux sculpteurs et autres, de quelque qualité et condition que ce fût, de mouler, exposer en vente ni donner au public aucun des ouvrages de sculpture de ladite Académie ni copie d'iceux, sans la permission de leur auteur ou de l'Académie ».

Enfin, l'article 5 de l'arrêt du conseil du 17 juin 1787 défendit la contrefaçon des figures, groupes et animaux fabriqués dans la manufacture de porcelaines de Sèvres.

Ainsi, comme pour les dessins de fabrique, la législation de l'ancien régime ne protégeait que les modèles de certaines industries ou plutôt de certaines corporations.

La Révolution supprima les corporations ; avec elles disparurent les règlements qui les régissaient, y compris les dispositions protectrices des dessins et des modèles

Le principe de la liberté du commerce et de l'industrie n'empêcha pas toutefois la Convention de reconnaître aux auteurs d'écrits, aux compositeurs de musique et aux dessinateurs un droit de propriété sur leurs œuvres. La loi du 19 juillet 1793 consacra ce droit comme la loi du 17 janvier 1791 sur les brevets d'invention avait consacré le droit des inventeurs. A défaut d'autres dispositions légales, la loi de 1784 servit à protéger tant bien que mal les auteurs de dessins, non seulement artistiques, mais encore industriels. Mais de graves difficultés s'étaient élevées sur la question de savoir si la conservation de la propriété des dessins industriels était soumise à la formalité du dépôt que l'article 6 du décret imposait aux auteurs d'écrits et de gravures. La nécessité d'une loi spéciale s'imposait. Au cours d'un voyage à Lyon, en 1806, Napoléon recueillit les doléances des fabricants de cette ville, qui appelèrent son attention sur les abus qui s'étaient glissés dans leur industrie et lui indiquèrent comme moyen d'y remédier la création d'une juridiction locale et bienveillante analogue à celle des anciens maîtres-gardes syndics des communautés de métier ; ils demandèrent également que la loi qui créerait cette juridiction contînt des dispositions protectrices de la propriété des dessins. Napoléon s'occupa, dès son retour à Paris, de faire élaborer la

loi que sollicitaient les fabricants lyonnais. On la fit d'après eux
et pour eux; le gouvernement présenta au Corps législatif, le
8 mars 1806, un projet de décret « portant établissement d'un
Conseil de prud'hommes à Lyon » et organisant en même temps
la propriété des dessins de fabrique. Le projet, adopté par le
Corps législatif, est devenu la loi du 18 mars 1806 qui constitue, avec les extensions successives que lui a données la jurisprudence, la législation actuelle sur la matière. Nous aurons
à étudier cette législation et à en signaler les imperfections
et les lacunes.

La loi du 18 mars 1806, « portant établissement d'un
Conseil de prud'hommes à Lyon, » peut se résumer en deux
mots : d'une part, elle organise, dans la salle de Lyon, un Conseil
de prud'hommes ayant pour attributions, comme les maîtres-
gardes syndics des anciennes communautés de métiers, de
constater, d'après les plaintes qui pourraient leur être adressées,
les contraventions aux lois et règlements concernant les
fabriques et spécialement chargés des mesures conservatrices de
la propriété des dessins de fabrique, en soumettant l'exercice
du droit de l'auteur au dépôt préalable aux archives du Conseil
de prud'hommes d'un échantillon sous pli cacheté; le déposant déclare s'il entend se réserver la propriété exclusive du
dessin pendant une, trois ou cinq années ou à perpétuité; il
est tenu note de cette déclaration; le dépôt est inscrit sur un
registre spécial et un certificat constatant le numéro d'ordre
du pli déposé et la date du dépôt est remis au déposant; en
cas de contestation entre deux ou plusieurs fabricants sur la
propriété d'un dessin, le Conseil de prud'hommes procède à
l'ouverture des plis déposés par les parties et fournit un certificat indiquant le nom du fabricant qui a la priorité de date.

Voilà toute la loi de 1806, qui constitue la législation actuelle
en matière de dessins de fabrique. Mais quels sont les dessins
que protège la loi? Quelle est leur définition? Comment se
distinguent-ils soit des dessins artistiques, soit des produits
ou des procédés industriels brevetables, dont la propriété est
protégée par des lois spéciales? Ces dessins comprennent-ils
les modèles de fabrique, qui, après tout, ne sont que des
dessins en relief? Et ce dépôt préalable, auquel est subordonné

*

la protection de la loi et que son caractère secret rend inutile et même dangereux, comme nous le montrerons, quelle est sa nature, quels sont ses effets? Crée-t-il la propriété du déposant, ou donne-t-il simplement ouverture à son droit de poursuite? Et ce droit de poursuite, peut-il s'exercer même pour les contrefaçons antérieures au dépôt, ou seulement pour les contrefaçons postérieures? Et, si, avant le dépôt, le dessin a été divulgué par l'auteur, si par exemple, il a été mis en vente, le dépôt est-il encore valable, et cette divulgation antérieure n'a-t-elle pas fait tomber le dessin dans le domaine public, n'emporte-t-elle pas déchéance du droit de l'auteur? Enfin, quels sont en cette matière les droits des étrangers? Peuvent-ils déposer valablement en France un dessin de fabrique?

Voilà, n'est-il pas vrai, toutes sortes d'intéressantes et importantes questions, qui se posent au sujet de la protection due par le législateur aux dessins de fabrique et que la loi de 1806 laisse absolument sans réponse!

Ce sont des décisions du pouvoir exécutif et surtout des décisions de jurisprudence qui ont dû, sur les points principaux suppléer au silence du législateur, expliquer et compléter son œuvre.

Tout d'abord la loi de 1806 n'était applicable, comme nous l'avons dit, qu'à la seule ville de Lyon. Mais elle contenait en elle-même le principe d'une application générale. L'article 34 dispose, en effet, qu'un règlement d'administration publique, délibéré en Conseil d'État, pourra instituer un Conseil de prud'hommes dans toutes les villes de fabrique où le gouvernement le jugera convenable, et l'article 35 ajoute que les attributions des nouveaux conseils qui seront ainsi créés devront être les mêmes que celles du Conseil de prud'hommes de Lyon. Il résulte ainsi de cet article 35 que, partout où des Conseils de prud'hommes ont été institués, les dispositions de la loi de 1806 concernant la conservation de la propriété des dessins sont applicables.

D'autre part, quelques années après le vote de cette loi, était promulgué le Code pénal de 1810, qui rangeait la contrefaçon au nombre des délits et la punissait de peines correctionnelles; la doctrine et la jurisprudence s'accordèrent pour déclarer ces peines applicables à la contrefaçon des dessins de fabrique.

La loi de 1806, nous l'avons vu, n'avait été faite qu'en vue des dessins reproduits par le tissage sur les étoffes et surtout sur les étoffes de soie; mais la jurisprudence ne tarda pas à en étendre l'application à tous les dessins industriels, quelle que fût la matière sur laquelle cette reproduction était faite. La question s'étant élevée notamment à propos des dessins de papiers peints, le gouvernement cru devoir consulter le Conseil d'État, qui, par un avis du 30 mai 1823, se prononça pour l'application de la loi de 1806.

Cet avis tranchait une autre difficulté résultant d'une autre lacune de la loi : les Conseils de prud'hommes n'ayant juridiction que sur un territoire délimité par le décret d'institution, la question s'était élevée de savoir à quel endroit les fabricants domiciliés hors du ressort d'un de ces conseils devaient effectuer le dépôt; l'avis du Conseil d'État du 30 mai 1816 décida que, dans ce cas, le dépôt devrait être effectué « au Conseil de prud'hommes situé dans l'arrondissement du lieu de fabrique ».

Mais toute difficulté n'était pas écartée sur ce point. Les Conseils de prud'hommes étant peu nombreux à cette époque, il se pouvait qu'il n'y eût pas de Conseil établi ni dans l'arrondissement du domicile du fabricant, ni dans celui du lieu de la fabrique. Les dessins, dans ce cas, devaient-ils rester sans protection?

Le Conseil d'État fut de nouveau consulté et le Comité de l'intérieur et du Commerce, dans sa séance du 18 mars 1825, émit l'avis qu'il y avait lieu de décider, par voie de règlement d'administration publique, « que tout fabricant établi dans un lieu où il n'existe pas de Conseil de prud'hommes et qui voudra user, pour s'assurer la propriété d'un dessin de son invention, de la faculté accordée par la loi de 1806 aux fabricants résidant dans le ressort d'un Conseil de prud'hommes, pourra faire le dépôt d'un échantillon de ce dessin aux archives du Conseil de prud'hommes le plus voisin de son domicile ».

La Chancellerie refusa de ratifier l'avis du Conseil d'État : suivant elle, il convenait de décider que dans les villes où il n'y aurait pas de Conseil de prud'hommes, les fabricants devraient déposer leurs dessins au greffe du Tribunal de commerce de l'arrondissement où était située la fabrique.

La question fut soumise aux comités réunis du contentieux et de l'intérieur, qui, par un avis en date du 28 juillet 1825, adoptèrent la solution de la Chancellerie. C'est à la suite de cet avis que fut rendue l'ordonnance royale du 17 août 1825 *portant règlement sur le dépôt des dessins de fabrique.* L'article 1er de cette ordonnance dispose que le dépôt des échantillons de dessins, qui doit être fait, conformément à l'article 15 de la loi du 18 mars 1806, aux archives des Conseils de prud'hommes pour les fabriques situées dans le ressort de ces conseils, sera reçu pour toutes les fabriques situées hors du ressort d'un Conseil de prud'hommes, au greffe du Tribunal de commerce ou au greffe du Tribunal de première instance, dans les arrondissements où les tribunaux civils exerceront la juridiction des tribunaux de commerce. L'article 2 ajoute que « ce dépôt se fera dans les formes prescrites pour le même dépôt aux archives des Conseils de prud'hommes, par la loi du 18 mars 1806 ».

Nous estimons avec M. Pouillet et contrairement à l'avis de M. Philipon, que cette ordonnance est absolument inconstitutionnelle, puisqu'elle a pour objet, non d'assurer l'exécution de la loi de 1806, qui charge exclusivement les Conseils de prud'hommes des mesures conservatrices de la propriété des dessins, mais de modifier au contraire cette loi en confiant ces attributions à d'autres que les prud'hommmes.

Il n'y a plus lieu toutefois d'insister sur un point, qui après un demi-siècle d'une application générale et incontestée, est devenu sans intérêt. Comme le dit M. Pouillet, l'ordonnance de 1825 est entrée dans la loi parce qu'elle est entrée dans les mœurs, et le reproche d'inconstitutionnalité, que peut-être à l'origine on aurait pu soulever, est aujourd'hui en quelque sorte prescrit.

Ce sont encore des décisions du pouvoir exécutif qui ont

comblé une des lacunes les plus considérables de la loi de
1806, en assimilant les modèles de fabrique aux dessins. Un
décret du 5 juin 1861, qui créait un Conseil de prud'hommes
à Sarreguemines, autorisa le dépôt aux archives de ce conseil
de modèles de poterie. Un décret du même jour prescrivit le
dépôt des dessins et des modèles de fabrique étrangers au
Secrétariat des Conseils de prud'hommes de Paris, suivant la
nature des industries. Depuis cette époque, la jurisprudence
qui, jusque là s'était divisée sur la question, a constamment
admis l'assimilation des modèles aux dessins au point de vue
de l'application de la loi de 1806.

Quant aux questions de détail que soulevait l'exécution de
la loi et que le législateur de 1806 laissait sans solution, elles
ont presque toutes été résolues par de nombreuses et importantes décisions de jurisprudence, dans l'examen desquelles
nous n'avons pas à entrer ici.

Ainsi, dit M. Philipon, quelques articles d'une loi spéciale,
qui sont comme perdus au milieu d'autres dispositions absolument étrangères à la matière des dessins, une ordonnance
qui ne se propose d'autre but que de régler une question de
pure forme, deux ou trois articles du Code pénal dont la jurisprudence a étendu l'application aux dessins industriels par
voie d'analogie, tel est le mince bilan de la législation actuelle
sur les dessins de fabrique !

Plusieurs tentatives ont été faites, depuis un demi-siècle,
en vue de refaire cette législation si incomplète et si impar-
faite.

En 1845, le gouvernement de Louis-Philippe, désireux de
coordonner les lois diverses qui jusque là avaient régi la propriété intellectuelle, fit préparer des projets de loi sur les
brevets d'invention, sur la propriété littéraire et artistique,
sur les marques de fabrique et enfin sur les dessins et modèles
de fabrique. De tous ces projets, un seul a pu recevoir la
sanction législative : c'est celui qui réglemente la matière des
brevets d'invention et qui est devenu la loi du 5 juillet 1844.
Les autres projets n'ont pas abouti. Celui qui concernait les
dessins et modèles de fabrique avait été voté par la Chambre
des pairs, en 1845 ; il allait être discuté par la Chambre des

députés, lorsque survint la révolution de 1848. Repris en 1869, il fut de nouveau écarté par la révolution de 1870.

Enfin, le 11 janvier 1877, le Sénat fut saisi par l'un de ses membres, l'honorable M. Bozérian, d'une proposition de loi relative aux dessins et modèles industriels. Cette proposition donnait à toutes les questions sur lesquelles le législateur de 1806 avait négligé de s'expliquer, des solutions que nous aurons à examiner, peut-être à critiquer. Elle constituait, en tous les cas, sinon une œuvre parfaite, du moins une réforme complète. Votée par le Sénat en 1879, la proposition de M. Bozérian fut renvoyée à la Chambre, où elle attend encore qu'on trouve le loisir de s'en occuper!.

En signalant les lacunes et les imperfections de la loi de 1806, nous avons par là même indiqué les réformes que doit réaliser, à notre avis, la nouvelle législation qui se prépare et qui s'impose sur les dessins et modèles de fabrique.

Il importe tout d'abord que la loi nouvelle définisse, autant qu'il est possible de le faire, les dessins et modèles de fabrique auxquels elle s'applique, qu'elle indique tout au moins le criterium auquel il faut s'attacher pour distinguer les dessins et modèles industriels qu'elle protège des dessins et modèles artistiques que protège la loi du 19 juillet 1793 sur la propriété littéraire et artistique.

A part M. Pouillet, qui, désespérant de trouver une définition parfaite des dessins et modèles de fabrique, propose de les assimiler purement et simplement, au point de vue de la protection légale, aux dessins et modèles artistiques, tous les auteurs sont unanimes à reconnaître que la loi nouvelle doit fixer un criterium, qui serve à distinguer les uns des autres. Mais, dès qu'il s'agit de déterminer la nature de ce criterium, les avis se partagent, les systèmes se produisent.

Un premier système propose comme base de distinction le mode de reproduction des dessins et modèles : on devrait considérer comme dessins et modèles de fabrique uniquement ceux qui sont reproduits par des procédés mécaniques ; les autres seraient des dessins ou modèles artistiques. Mais ce criterium repose, selon nous, sur une idée absolument fausse :

il y a des dessins reproduits par des procédés mécaniques, comme ceux des tissus Jacquard, par exemple, qui sont incontestablement des dessins artistiques ; de même qu'il y a des dessins faits à la main, comme ceux des broderies et des dentelles, qui sont unanimement considérés comme des dessins industriels.

Dans un second système, qui a été adopté par le Congrès de la propriété industrielle, tenu à Paris, en 1878, et qui a été reproduit dans le projet voté au Sénat, on propose de s'attacher au caractère intrinsèque du dessin : si ce caractère est artistique, le dessin, quelle que doive être son application ultérieure, sera un dessin artistique ; si au contraire la première conception du dessin n'a pas été une conception purement et réellement artistique, il s'agira d'un dessin industriel.

Ce système du Sénat a été combattu par tous les auteurs autorisés, spécialement par M. Bozérian, au Congrès de 1878. « J'ai cherché longtemps, a dit M. Bozérian au Congrès, la ligne de démarcation qui sépare l'art de l'industrie ; j'ai renoncé à la trouver ; et c'est pour cela que je n'ai pas voulu mettre dans la loi une chose que je regardais comme impossible. Mais, dit-on, la jurisprudence fixera la limite. Je défie les juges de faire ce que le législateur ne peut pas faire. Laisser sur ce point liberté complète aux tribunaux, c'est laisser la porte ouverte au caprice, à la mode, à l'entraînement, à la passion. » M. Philipon, en rapportant ces paroles, déclare « qu'il est impossible de dire mieux et plus juste et il condamne avec M. Bozérian, ce système, comme « arbitraire dans son application et dangereux dans ses conséquences ».

« Nous demandons sincèrement, ajoute M. Pouillet, à quels signes le juge pourra reconnaître le cas où la règle devra s'appliquer... La loi érigera-t-elle le juge en professeur d'esthétique et le chargera-t-elle comme un autre Pâris, de décerner la pomme à la beauté ? Mais d'abord, qu'est-ce que la beauté ? Où est-ce que commence le beau ? Où est-ce qu'il finit ?... Qui rêvera jamais d'établir une ligne de démarcation entre le beau et ce qui ne l'est pas, ou, ce qui revient au même, entre ce qui est l'art et ce qui ne l'est pas ? »

Un troisième système proprose comme base de distinction la destination du dessin : s'il a pour but de répondre à un besoin artistique, ce sera un dessin artistique; s'il est spécialement destiné à l'ornementation d'un produit industriel, ce sera un dessin industriel. Ce système offre le même inconvénient que le précédent, car il est aussi difficile de distinguer la destination artistique ou industrielle d'un dessin, que de discerner son caractère artistique ou industriel.

Nous en dirons autant du système qui propose comme base de distinction la nature de l'exploitation ou de l'application et qui voudrait que le dessin fût artistique ou industriel, selon qu'il en aurait été fait un usage artistique ou un usage industriel; ici encore, la distinction est difficile à faire en pratique, car il est des cas où il est impossible de dire si l'on se trouve en présence d'une exploitation véritablement artistique ou d'une exploitation simplement industrielle.

Suivant nous, comme suivant M. Philipon, le seul caractère vraiment distinctif du dessin industriel, c'est son caractère accessoire, qui fait qu'il n'a aucune existence par lui-même, mais qu'il est toujours l'accessoire d'un objet dont il augmente simplement le charme et la valeur, mais sans en augmenter l'utilité. « Quand on achète le produit sur lequel il a été appliqué, dit M. Philipon, il est possible qu'on se laisse influencer par sa plus ou moins grande beauté, mais ce n'est pas lui qu'on achète, ce n'est pas de lui qu'on prétend se servir. Dépourvu de dessin, l'objet qu'on a choisi pourrait être moins agréable à l'œil, il n'en serait pas moins utile et n'en atteindrait pas moins bien le but qu'on s'est proposé en l'achetant. Le dessin artistique au contraire a une existence propre et indépendante : la toile ou le papier sur lequel il est tracé n'ont aucune valeur, aucune utilité par eux-mêmes. Un exemple fera bien comprendre la différence qui existe, à cet égard, entre le dessin industriel et le dessin artistique.

Si, par un procédé chimique, vous faites disparaître les traits d'une eau-forte de maître, la feuille de papier blanc qui subsistera seule après l'opération ne pourra plus rendre aucun des services que rendait la gravure disparue. Au contraire, si vous parvenez à effacer les dessins qui recouvrent une assiette, par exemple, cet ustensile de ménage n'en gardera pas moins, après cette opération, toute son utilité première.» Et M. Philipon en conclut définissant le dessin industriel : *Tout dessin qui, incorporé à un objet quelconque, en augmente le charme, sans en changer la destination ni en augmenter l'utilité.*

Cette définition nous semble irréprochable, et c'est celle que nous souhaiterons voir passer dans la loi en préparation, appliquée, bien entendu, selon les distinctions nécessaires, à la fois aux dessins industriels et aux modèles industriels. Cette définition a d'ailleurs l'avantage de distinguer les dessins et modèles industriels non seulement des dessins et modèles artistiques, que protège la loi de 1793, mais encore des inventions brevetables que protège la loi du 5 juillet 1844. Cette seconde distinction a un intérêt pratique considérable : si l'auteur d'une invention brevetable, croyant avoir découvert un dessin de fabrique, se borne à effectuer un dépôt, il n'acquiert aucun droit exclusif sur son invention, et à l'inverse, si l'auteur d'un dessin croyant avoir fait une invention brevetable, prend un brevet, il n'acquiert non plus aucun droit privatif, puisque d'une part son brevet est nul comme s'appliquant à une invention non brevetable, et que d'autre part il n'a pas accompli les formalités prescrites pour la conservation de la propriété des dessins. La définition que nous avons indiquée plus haut pour les dessins et modèles industriels suffit à prévenir toute confusion : en effet, l'invention brevetable dont le caractère essentiel, d'après la loi de 1844, est de produire un résultat industriel nouveau, se distinguera facilement des dessins et modèles de fabrique, s'il est entendu que ces dessins et modèles sont ceux qui servent uniquement à l'ornementation d'un objet connu et ne donnent ainsi à cet objet aucune utilité, aucune qualité industrielle nouvelle. « Il résulte de là, dit M. Philipon, que, lorsqu'on se trouve en face d'une découverte industrielle et qu'on veut savoir si cette découverte constitue un dessin de fabrique ou une invention brevetable, on doit se demander si la forme a été recherchée par l'auteur à raison du résultat industriel à obtenir, ou bien si l'auteur de cette forme s'est simplement proposé pour but d'orner ou d'embellir le produit qu'il en a revêtu ».

Terminons sur ce point par un conseil pratique : l'application de la distance théorique que nous venons d'établir étant souvent très délicate et très difficile à faire, dans le doute, et quelle que soit la solution qui doive prévaloir dans la loi nouvelle, les inventeurs d'une forme nouvelle feront bien de remplir, en même temps que les formalités relatives aux brevets celles prescrites par la loi sur les dessins et modèles de fabrique : de cette façon, ils éviteront les conséquences d'une erreur parfois inévitable.

Le second ordre de questions, que soulève la réforme projetée de la législation sur les dessins et modèles de fabrique, se rattache à la formalité du dépôt préalable, à laquelle est subordonnée la protection de la loi.

Tout d'abord, on est généralement d'accord pour reconnaître qu'il y a lieu de maintenir, dans la législation nouvelle, cette formalité du dépôt, qui sert en premier lieu à marquer le point de départ de la durée du droit exclusif, lorsque l'auteur ne se réserve qu'une propriété temporaire, qui est, en second lieu, une source de précieuses collections pour les conservatoires locaux, qui est enfin indispensable pour permettre aux tribunaux de s'assurer, en cas de poursuite en contrefaçon, si le dessin argué de contrefaçon est bien réellement l'imitation frauduleuse du dessin déposé. La formalité du dépôt est d'ailleurs presque généralement imposée par la législation française à tous ceux qui prétendent se réserver un droit de propriété sur une œuvre de l'intelligence, quelles que soient la nature et l'importance de cette œuvre.

Mais, si le dépôt doit être maintenu en matière de dessins et modèles industriels, doit-il conserver ce caractère secret que lui attribue la loi de 1806 ? Nous avons déjà rappelé qu'aux termes de cette loi, le dépôt doit être fait sous pli cacheté et que ce n'est qu'en cas de contestation entre deux ou plusieurs fabricants sur la propriété d'un dessin, qu'il est procédé à l'ouverture des paquets déposés, et, dès alors, nous avons indiqué que ce caractère secret du dépôt nous paraissait à la fois inutile et dangereux. M. Philipon en fait la critique en termes saisissants : « Il est arbitraire, dit-il, de forcer un inventeur à entourer son œuvre d'un mystère dont il n'a que faire, et, d'un autre côté, exiger que l'on conserve pendant de longues années, sous enveloppe bien close, l'échantillon d'un dessin qui court le monde et que l'on peut se procurer chez le premier commerçant venu, c'est vouloir que l'on garde avec un soin jaloux un secret, qui, depuis longtemps peut-être, est devenu le secret de Polichinelle. » M. Philipon n'ose pas toutefois pousser jusqu'au bout la conséquence logique de sa critique : au lieu d'admettre franchement et complétement la publicité du dépôt, il se prononce en faveur d'un système mixte, adopté par le projet voté au Sénat, celui du secret temporaire. Dans ce système, le dépôt est fait à couvert, mais il doit être rendu public dans un certain délai maximum, les uns fixent ce délai à un an : c'est la durée maxima adoptée par le projet du Sénat, les autres proposent un délai de deux ans : c'est la durée indiquée par le Congrès de 1878 et réclamé par M. Philipon. En tous cas, on explique la nécessité de ce délai, en disant que, si l'inventeur d'un dessin était obligé de déposer immédiatement à découvert, comme il peut s'écouler un certain temps entre la création du dessin et son exploitation, les concurrents de cet inventeur, pourraient, pendant cet intervalle « venir à loisir piller ses idées et tuer son invention dans l'œuf. »

A notre avis, il y a là un danger purement imaginaire. La possibilité d'une concurrence de ce genre, entre le moment de la création et celui de l'exploitation, n'est pas plus à redouter en matière de dessins et modèles industriels, qu'en matière d'inventions brevetables, où la publicité immédiate de l'invention est la condition essentielle de la prise d'un brevet valable. Y a-t-il entre les dessins et modèles de fabrique et les autres inventions industrielles une différence telle qu'elle motive un traitement différent, à cet égard, pour les uns et pour les autres, les uns n'étant pas protégés s'ils sont immédiatement publiés, les autres protégées que si elles sont immédiatement décrites d'une façon suffisante pour pouvoir être exécutées ? Et si, en théorie, cette différence ne se comprend pas, n'y a-t-il pas un intérêt pratique considérable à en revenir, pour les dessins et modèles, comme pour les inventions brevetables, au principe de la publicité immédiate, qui développperait l'initiative des fabricants et serait un stimulant à la création incessante de dessins et modèles nouveaux, pour le plus grand avantage du commerce et de l'industrie ? Enfin n'est-il pas de la dignité de la loi qu'elle renonce d'une façon complète et absolue à un système qui fait naître le danger de contrefaçons inconscientes et qui tend ainsi, en quelque sorte, un piège à l'esprit d'initiative?

La meilleure solution consisterait donc, selon nous, à assimiler, à cet égard, les dessins et modèles de fabrique aux autres inventions industrielles et à décider que le dépôt, pour les uns, serait comme la prise de brevet, pour les autres, subordonné à la publicité immédiate de l'invention : l'honnêteté de la loi, la sécurité de la concurrence loyale, le développement de l'esprit d'initiative et le progrès de l'industrie trouveraient leur compte à cette solution, d'ailleurs si simple.

Pour terminer, en ce qui concerne les formes mêmes du dépôt, nous émettrons le vœu que la loi nouvelle fixe comme lieu du dépôt le Conseil de prud'hommes ou le tribunal de la situation de la fabrique et non celui du domicile du fabricant. Le projet voté au Sénat exige que le dépôt soit effectué au greffe du Conseil ou du tribunal du domicile du fabricant. Nous estimons que c'est là un système fâcheux, surtout si l'on admet avec nous la publicité du dépôt ; il se peut, en effet, — et cela arrive fréquemment — que le fabricant ait son domicile loin de sa fabrique : il lui faudrait donc envoyer ses échantillons au greffe d'un tribunal peut-être fort éloigné du lieu de ses affaires et où personne assurément n'aura jamais l'idée d'aller les chercher.

En ce qui concerne la durée du dépôt, nous pensons qu'il conviendrait de maintenir, dans la législation nouvelle, le principe de la loi de 1806, qui permet au déposant de se réserver à son gré, la propriété de son dessin ou modèle, pendant un certain nombre d'années ou à perpétuité. Il n'y aurait plus lieu, ici, d'assimiler les dessins et modèles industriels aux inventions brevetables, pour exclure la perpétuité du droit. Si, en effet, la perpétuité du droit des inventeurs, comme de celui des artistes et des écrivains, peut présenter des dangers pour la société, il n'en est pas de même de la perpétuité du droit des auteurs de dessins ou modèles de fabrique : il importe peu, en effet, pour le progrès social, que tel ou tel dessin ou modèle appartienne au domaine public.

Quels devront maintenant être, dans la loi nouvelle, les effets du dépôt? La jurisprudence admet actuellement que le dépôt en matière de dessins et modèles de fabrique ne crée pas la propriété, mais qu'il établit seulement au profit du déposant une présomption qui peut sans doute être combattue par la preuve contraire, mais qui a néanmoins cet avantage de mettre le fardeau de la preuve à la charge de celui qui conteste la propriété du déposant. Cette jurisprudence devra être, selon nous, formellement consacrée par la législation nouvelle..

Deux questions importantes, se rattachant aux effets du dépôt, divisent actuellement la jurisprudence et les auteurs. D'abord, le droit de poursuite auquel le dépôt donne ouverture, peut-il s'exercer seulement pour les contrefaçons postérieures au dépôt, ou même pour les contrefaçons antérieures? Et, en second lieu, la divulgation du dessin antérieurement au dépôt fait-elle tomber le dessin dans le domaine public, de façon à rendre nul le dépôt ultérieur? Nous avons déjà dit, en énumérant les principales lacunes de la législation actuelle, que la loi de 1806 laisse ces deux questions sans réponse. Quelle solution devra donc donner à chacune d'elles la loi nouvelle?

En ce qui concerne la question de savoir si le déposant peut poursuivre les contrefaçons pour avoir été faites antérieurement au dépôt, elles n'en constituent pas moins des atteintes portées à la propriété de l'inventeur et, comme telles, doivent tomber sous le coup de la loi. S'il en est différemment en matière d'invention brevetable, c'est que le droit exclusif de l'auteur ne prend naissance que du jour où il a déposé la demande du brevet, et que, d'autre part, le breveté qui prouverait que son invention a été exécutée antérieurement au dépôt de la demande, prouverait par là même la nullité de son brevet. En matière de dessin et modèles de fabrique, au contraire, il peut y avoir exécution antérieure et par suite contrefaçon antérieure, et il résulte du caractère même du dépôt que la contrefaçon antérieure peut être poursuivie et réprimée au même titre que la contrefaçon postérieure. Telle est donc la solution que nous recommandons au législateur sur cette première question.

Quant à la seconde question, celle de savoir si la divulgation du dessin antérieurement au dépôt, par exemple par la mise en vente, fait tomber ce dessin dans le domaine public et rend ainsi nul le dépôt, nous estimons, contrairement à l'avis de M. Pouillet, qu'elle doit être résolue aussi dans le sens de l'affirmative par la législation nouvelle. Sans vouloir rechercher si notre opinion est ou non conforme à la lettre et à l'esprit de la loi de 1806, — ce qui importe peu, puisqu'il s'agit de substituer précisément une nouvelle loi à celle de 1806, — nous dirons simplement au point de vue théorique, que s'il est vrai, comme le remarque M. Pouillet, que ce n'est pas le dépôt, mais l'invention qui crée la propriété des dessins et modèles de fabrique, il est non moins certain que, pour que la loi garantisse cette propriété, il faut que l'auteur du dessin ou du modèle manifeste clairement et publiquement l'intention de se la réserver en accomplissant la formalité préalable du dépôt : si donc il publie son invention avant d'avoir accompli cette formalité, il doit être considéré comme ayant renoncé à se réserver cette propriété et comme ayant abandonné son droit au profit de la société. D'ailleurs, comme le fait remarquer M. Philipon, qui adopte ce système, la doctrine contraire, si elle était admise, aurait pour conséquence d'enlever au dépôt presque toute son utilité.

« La formalité du dépôt, dit cet auteur, sert à fixer sans constestations possibles l'objet sur lequel porte le droit privatif: eh bien, s'il était permis d'effectuer le dépôt la veille même de la poursuite, qui ne voit la facilité que cela donnerait aux fabricants peu scrupuleux de présenter au juge des dessins fabriqués pour les besoins de la cause? Les juges ne pourraient plus se fier entièrement à l'honnêteté du dépôt: il faudrait ordonner des expertises longues et coûteuses, pour découvrir si le dessin déposé au dernier moment n'a pas été fait exprès pour favoriser un procès injuste. » La Cour de cassation, après avoir adopté la doctrine contraire par un arrêt du 17 mai 1843, est revenue, par un autre arrêt du 1er juillet 1860, au système que nous soutenons, et ce système a en outre reçu une consécration législative par la loi du 23 juin 1866, qui a décidé qu'en principe l'exhibition des dessins et modèles dans une exposition publique leur faisait perdre leur caractère de nouveauté et rendrait nul le dépôt qui pouvait en être effectué postérieurement. A plus forte raison en est-il de même, ou en tous cas devrait-il en être de même, de la mise en vente qui est bien le mode de publicité le plus complet qu'il soit possible d'imaginer.

Nous avons signalé, en exposant et en critiquant la législation actuelle, une dernière lacune importante de la loi de 1806. Cette loi ne parlait pas du droit des étrangers, en ce qui concerne les dessins et modèles de fabrique. Les étrangers pouvaient-ils, en accomplissant la formalité du dépôt, se réserver la propriété, en France, de dessins ou modèles de fabrique? Jusqu'en 1873, la jurisprudence, considérant la propriété des dessins et modèles de fabrique comme un de ces droits émanant de la loi positive et dont la jouissance est exclusivement réservée aux nationaux, ne reconnaissait cette propriété aux étrangers qu'en cas de réciprocité diplomatique, conformément au droit commun, c'est-à-dire à l'article 11 du Code civil. La loi du 26 novembre 1873 vint consacrer cette jurisprudence eu ajoutant toutefois à la réciprocité diplomatique la réciprocité légale. L'article 9 de cette loi dispose, en effet, que les étrangers ne peuvent bénéficier des dispositions de la loi de 1806 que si dans leur pays la législation ou des traités internationaux assurent aux Français les mêmes garanties : il résulte de là que, aujourd'hui, les étrangers dans le pays desquels des lois permettent aux Français de revendiquer la propriété de leurs dessins, peuvent être propriétaires de dessins de fabrique en France.

Malgré cette amélioration apportée par la loi de 1873 au traitement des fabricants étrangers résidant en France, nous estimons avec l'unanimité des auteurs et des publicistes que ce traitement est encore insuffisant, que la propriété des dessins et modèles comme toute propriété industrielle, comme toute propriété en général, est essentiellement du droit des gens et peut par suite être revendiquée par toute personne, même étrangère.

Les rédacteurs du projet de loi de 1877 sur les dessins et modèles industriels ont bien garanti aux étrangers résidant en France la propriété de leurs dessins, mais ils ont refusé toute protection aux dessins des étrangers et même des Français résidant hors de France, à moins de réciprocité diplomatique ou légale. « Cette dernière disposition, dit M. Philipon, est criticable à plus d'un titre. D'une part, en effet, son caractère anti-libéral éclate à tous les yeux et, d'autre part, il est impossible de lui trouver aucune utilité pratique; elle ne protège pas l'industrie nationale, puisqu'un étranger peut résider en France et pourtant avoir sa fabrique à l'étranger, d'un autre côté les auteurs du projet ne peuvent pas même invoquer, pour la motiver, le désir de favoriser l'industrie française, puisqu'ils ont permis l'introduction en France d'objets fabriqués à l'étranger sur les dessins déposés et que rien n'empêche par conséquent un industriel établi en France de faire fabriquer à l'étranger la plus grande partie de ses dessins et de les amener ensuite sur le marché français. Nous espérons donc, ajoute M. Philipon, que la Chambre s'inspirant de l'esprit libéral qui a dicté le décret du 28-31 mars 1852 (sur la contrefaçon en France des œuvres de littérature et d'art publiées à l'étranger) réformera le projet voté par le Sénat et garantira à tous les dessins de fabrique une égale protection, quelle que soit la condition de leur propriétaire.

Nous aurions à signaler encore dans la législation actuelle bien d'autres lacunes, bien d'autres imperfections concernant plus spécialement des points de détail, mais sur lesquelles le cadre de cette étude ne nous permet pas de nous arrêter. Nous avons tenu seulement à appeler l'attention du législateur sur les grandes questions de principe que la loi de 1806 a laissées sans réponse, en essayant d'indiquer pour chacune d'elles la solution que nous croyons la plus conforme à la fois à l'équité et à l'intérêt, bien entendu, du commerce et de l'industrie.

9 782014 054750